문밖의 사람들

일러두기
이 책은 메탄올 실명 당사자들과 노동건강연대 활동가들의 인터뷰, 노동건강연대 기록, 사건 자료들을 바탕으로 재구성한 만화입니다. 메탄올 실명 피해 사건 관련 자료는 《실명의 이유》(선대식, 북콤마) 를 인용하였습니다.

파견 노동 확대에서
메탄올 실명까지

문밖의 사람들

김성희·김수박 만화

청년노동의 현실

보리

차례

아무도 책임지지 않는 파견 노동

1화 두 청년 … 8

2화 사회 운동가 … 18

3화 또래 … 28

4화 결심 … 38

5화 안전 불감증 … 48

6화 광화문 … 58

7화 사건이 찾아오다 … 68

8화 긴급 점검 … 78

9화 긴급 성명 … 88

10화 부천, 진희 … 98

책임을 물을 방법

11화 야근 … 110

12화 나흘 반 … 120

13화 투병 … 130

14화 네 번째 피해자 … 140

15화 책임 … 150

16화 현순과 진희 … 160

17화 벚꽃 … 170

18화 대한민국 청년노동 … 180

19화 고립을 연결로 … 190

20화 가해자와 피해자 … 200

21화 피고 대한민국 … 210

추천의 말
세상을 바꾸는 이야기의 힘을 믿습니다_이상윤 … 220

작가의 말
안전과 연대의 문 안으로_김성희 … 224
피고 대한민국_김수박 … 226

아무도
책임지지 않는
파견 노동

1화 두 청년

서울
노량진.

아니에요.

내 잘못이
아니에요.

경상남도
창원.

창원이 커요. 서민들이 중산층 같은.
창원은 비싸고 마산은 싸죠.
그래서 장은 마산에서 봐요.

농업보다는 산업 공업이 발달한 곳이죠.
창원은 **공단 도시**잖아요.

아무도 책임지지 않는 파견 노동

아무도 책임지지 않는 파견 노동

2화 사회 운동가

3화 또래

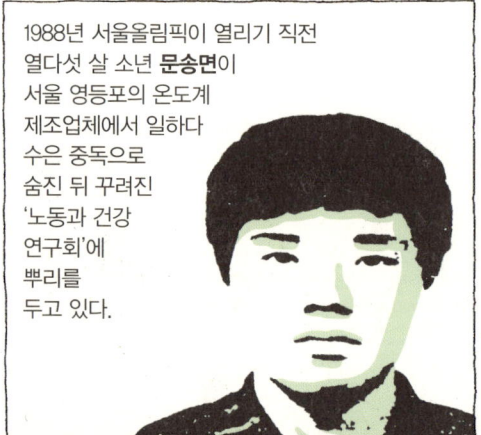
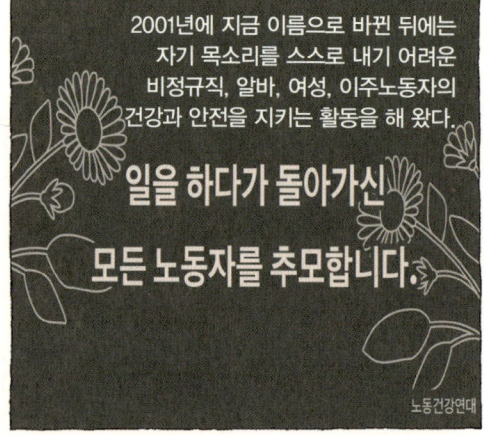

2013년 이마트 냉동고에서 알바하던 대학생이 넷이나 죽었지만, 기업은 벌금 백만 원만 내고 다른 처벌은 받지 않았다.

자책감이 들었다. **동시대의 또래가** 무너지고 있는데, 나만 살아남고 있는 거 아닌가?

아무도 책임지지 않는 파견 노동

4화 결심

다행이죠. 웬만한 일은 얼추 할 수 있는 능력을 가지고 있었으니까요. 일머리가 좋다는 말도 들었고요.

너 손이 느려서 큰일이대이.

좀만 기다리 도. **김치**는 첨 만든단 말야.
먹기는 잘 먹고?
당연하지. 김치 없이 못 살지.

야, 니는 굳이 이런 일 할 필요 없는 거 아이가? 왜 자꾸 내 따라다니노?
니, 내 버릴 기가? 니가 내 끌어 줘야 될 거 아이가?

야! 내 인생도 복잡한데 니 인생도 챙겨 줘야 되나?
야, 씨! 친구가 뭔데?
뭔데?

친구가 뭔데? 호호호!
긍께! 하하하!

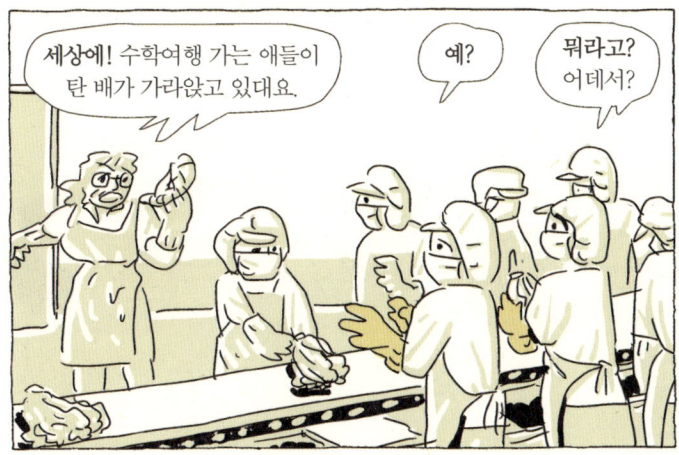

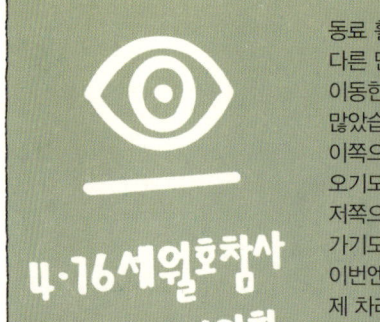

5화 안전 불감증

지하철을 한 사람이 운전하는 것은 위험하다. 혼자 안전을 감당해야 한다는 뜻이고, 혼자 **판단**을 감당해야 한다는 것이다.

그것이 **안전사고**를 불러올 수 있다.

SNS도 있지만… 사실은 괜찮지 않았다. 실무도 만만치 않게 많았고.

다른 사람이 하던 일까지 내가 맡아서 하는 중이었는데, 수경 샘까지 없어졌으니까.

혼자서 사무실을 꾸려 가야 하니까.

아무도 책임지지 않는 파견 노동

아무도 책임지지 않는 파견 노동

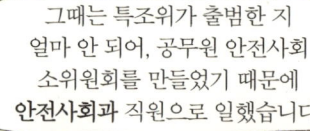       

아무도 책임지지 않는 파견 노동

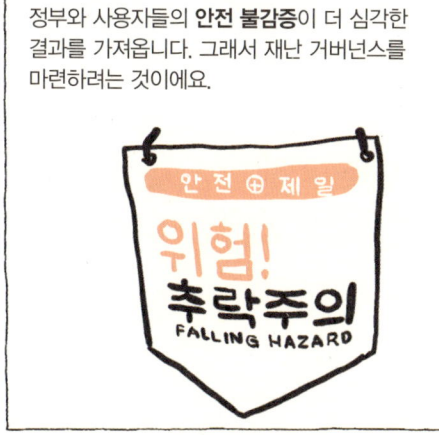

6화 광화문

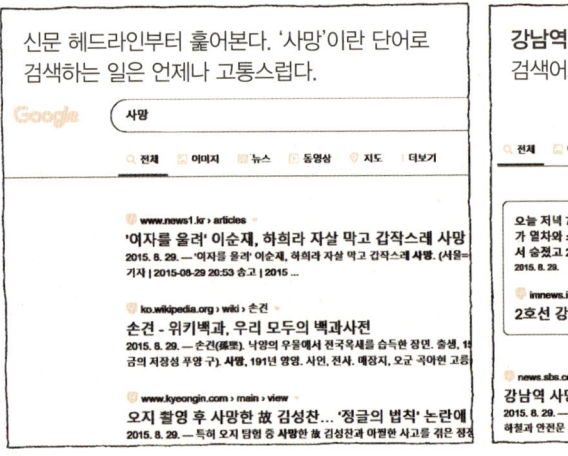

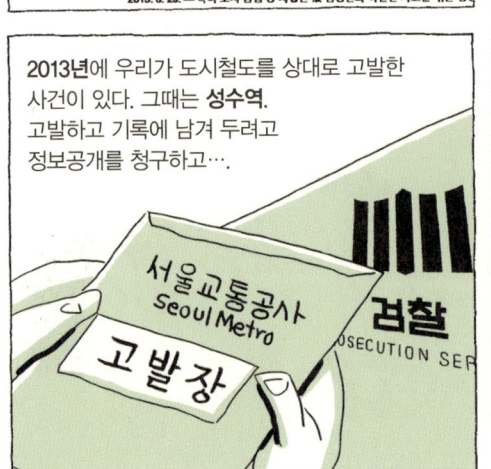

아무도 책임지지 않는 파견 노동

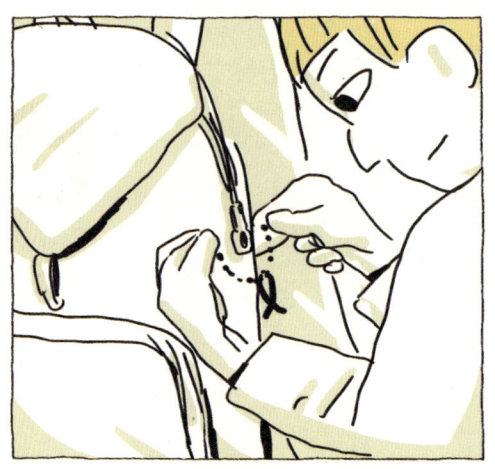

7화 사건이 찾아오다

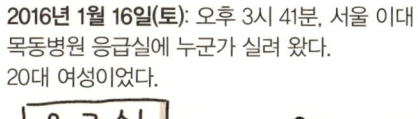
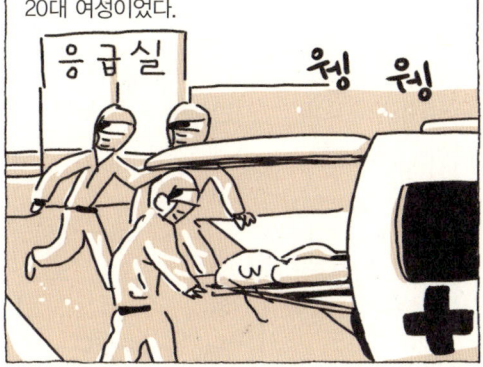
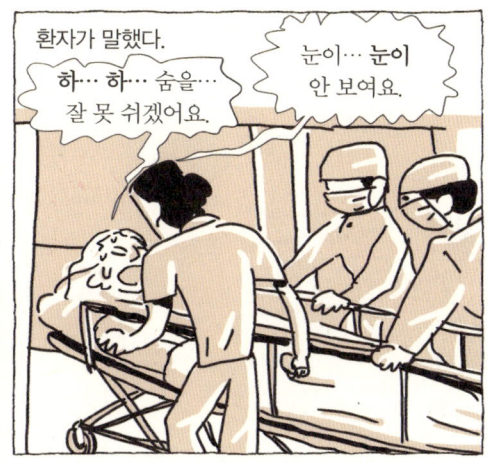
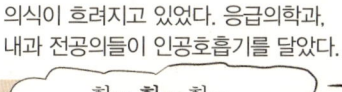

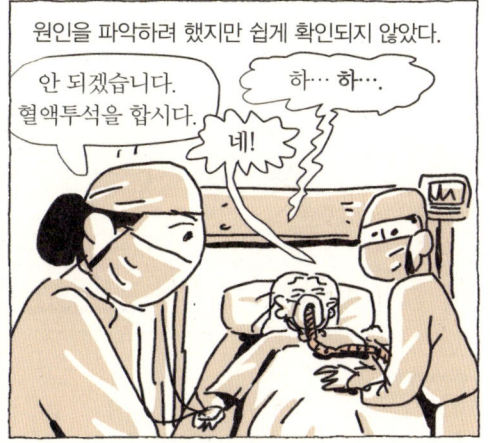

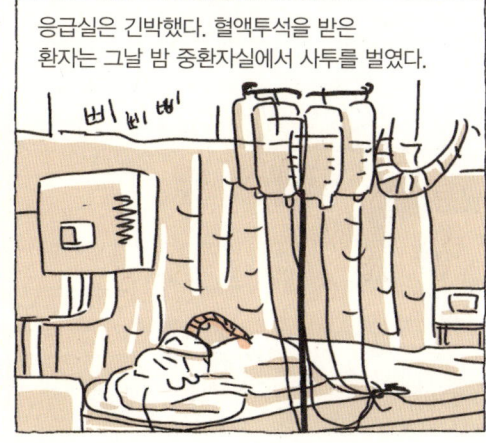

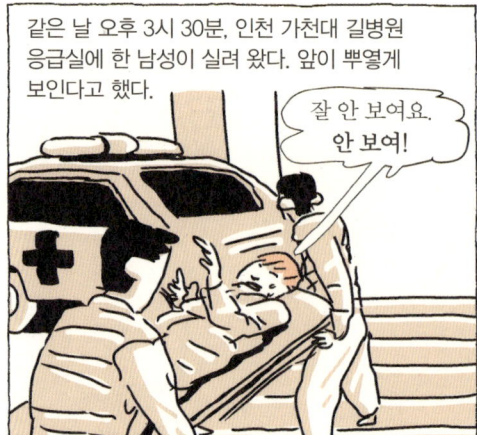

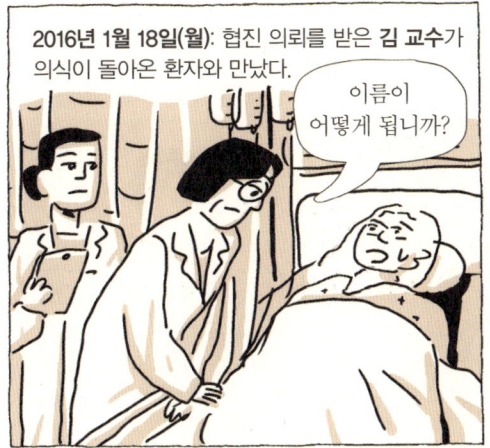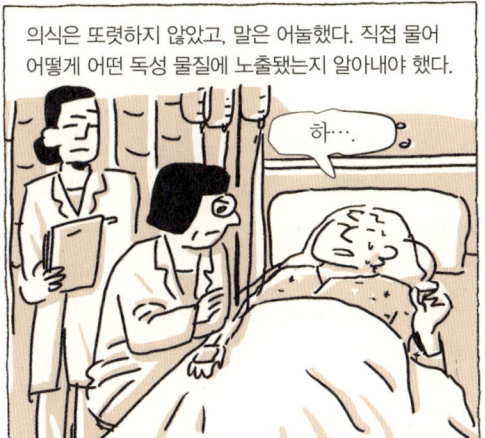

8화 긴급 점검

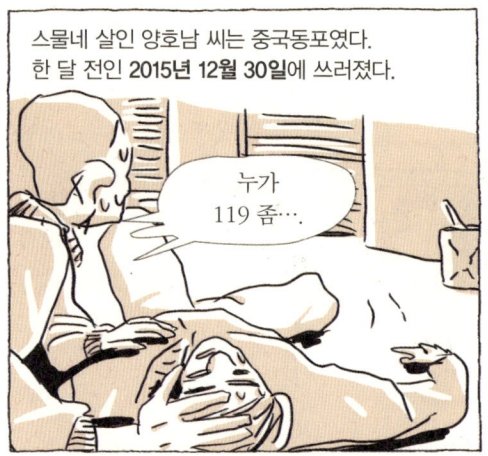

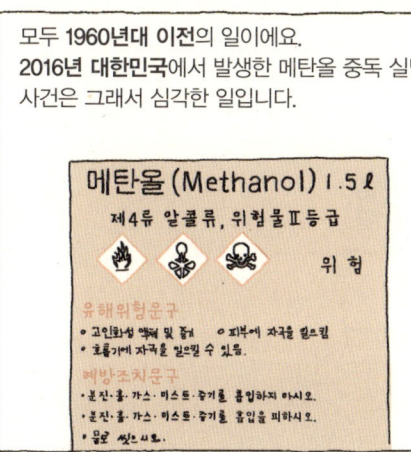

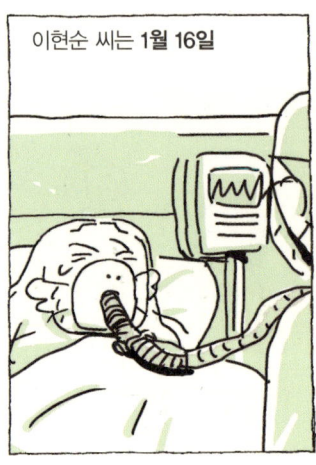

9화 긴급 성명

보통 산재사망은 원인을 밝히는 게 어렵다. **사망자의 부주의로** 떠넘기니까. 하지만 메탄올은 원인이 아주 **선명**했다.

100년 전부터 쓰던 화학약품이었고 현대사회의 사업장에서 사고 날 약품이 아닌 거죠.

그만큼 **후진적 산재**라는 거잖아.

아마도, 앞으로 문제 해결 과정에서도….

그 원청이 삼성과 엘지임을 안 노동부가 발 빠르게 움직일 거야.

'**하청**이 얼마나 좋은 것인가'라는 발언 보셨잖아요.

그 발언에 여파가 미치지 않도록 하겠지.

그러니까 급하다고요. 대표님.

정리를 해 보자. 시력을 잃은 청년들이 공통으로 한 일은 **스마트폰 부품**을 만드는 일이다. 파견 노동자가 없으면 많은 공장은 돌아가지 않는다.

채팅만으론 안 되겠어요.

파견 노동자로 공장을 돌리는 사용 사업주는 파견업체(파견 사업주)를 통해 **최저임금**을 받는 파견 노동자를 언제든 채용하거나 **해고**할 수 있다.

제가 갈게요.

고용주로서 책임과 의무를 회피할 수 있으니, 파견 노동자를 마다할 까닭이 없다.

제조업 파견은 불법이지만, **법은 무력**하다. 사용 사업주는 파견 노동자의 **안전**에 관심이 없다.

파견 사업주 역시 수수료를 챙길 뿐, 안전 문제는 사용 사업주에 떠넘긴다. 바로 그 사각지대에서 메탄올 중독 실명 사건이 발생했다.

파견 노동은 대기업 하청 문제와 함께 메탄올 중독 실명 사건의 근본적인 원인인 셈이다. 그렇다면 수많은 파견 노동자가 위험한 상황에 놓여 있다고 볼 수 있다.

박행!

수경 샘!

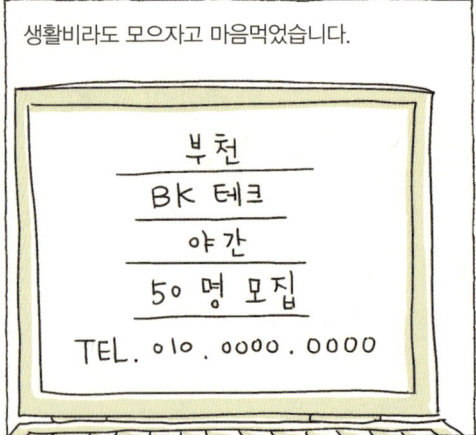

아무도 책임지지 않는 파견 노동

책임을
물을 방법

11화 야근

책임을 물을 방법

책임을 물을 방법

12화 나흘 반

책임을 물을 방법

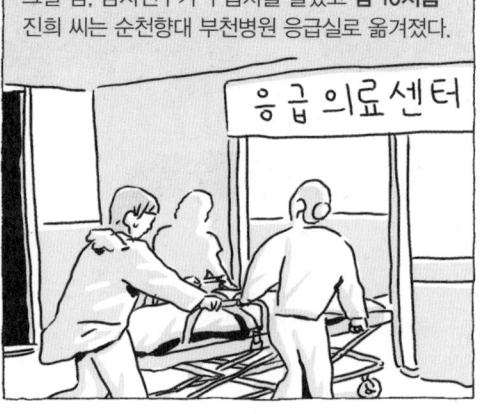

13화 투병

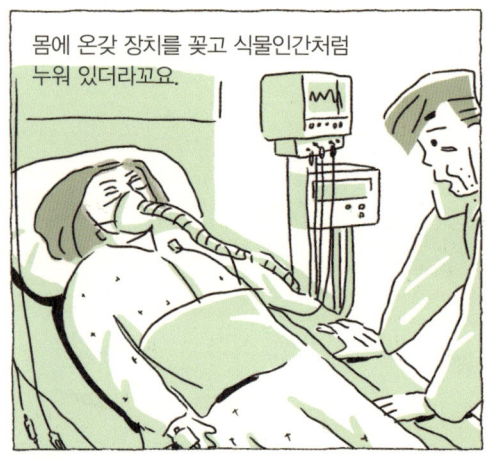
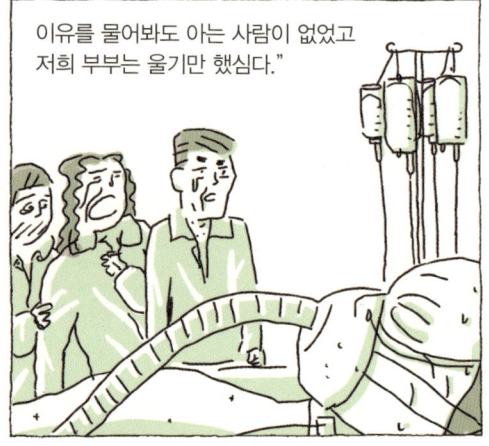

책임을 물을 방법

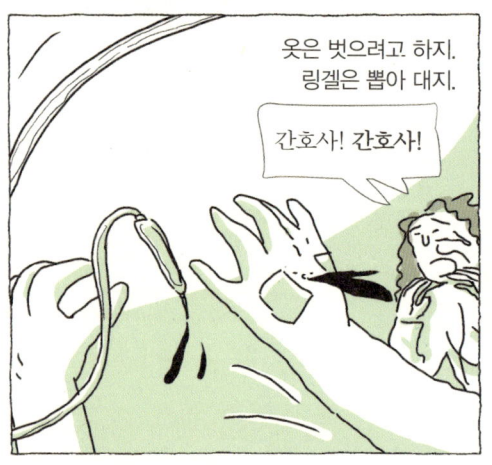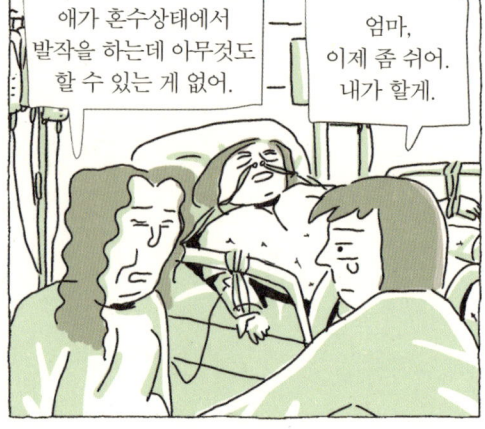

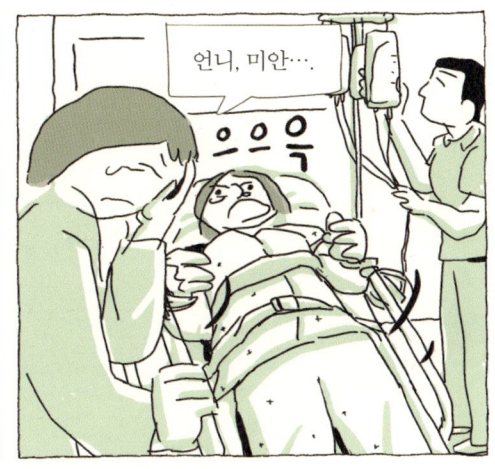
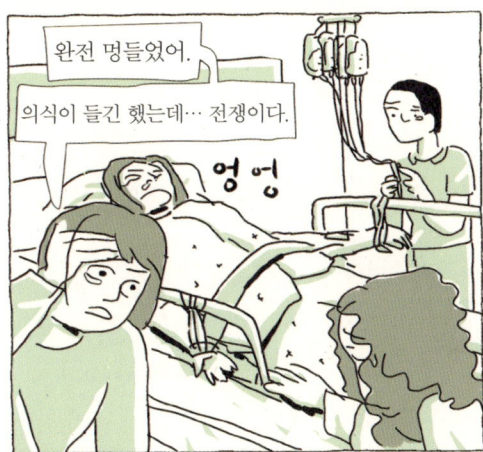

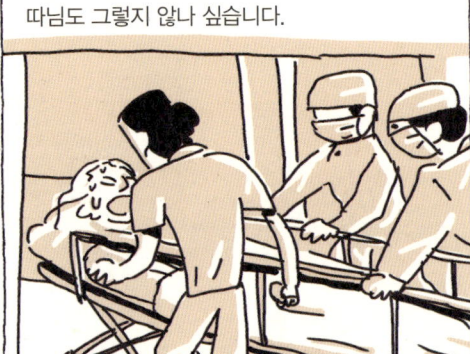

책임을 물을 방법

이진희 씨의 사건을 아는지 모르는지….

2월 23일 오전 10시 이기권 고용노동부 장관은 정부세종청사에서 기자회견을 열었다.
박근혜 정부가 노동개혁이라고 부르는 파견법, 근로기준법, 고용보험법, 산업재해보상법 개정안의 국회 통과를 호소하기 위한 자리였다.

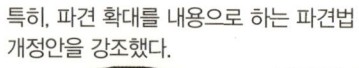
특히, 파견 확대를 내용으로 하는 파견법 개정안을 강조했다.

지난번에 안산에 가서 50대 초반의 우리 근로자가 한 말씀이 생각납니다.

"2008년도 금융 위기 이후에 자기는 이렇게 단기간 파견으로 또는 임시 일용으로 일하다 보니까 퇴직금을 한 번도 받지 못했습니다. 저는 왜 퇴직금을 받을 수 없습니까?"

그 말을 들을 때 정말 목이 메었습니다. 그래서…

이기권 장관은 울먹이며 말을 잇지 못했다. 가까스로 호흡을 가다듬었다.

정부가 제대로 일을 못하고 있구나, 반성이 돼서 달리 말을 못 해 주고 어깨만 감싸 주었습니다.

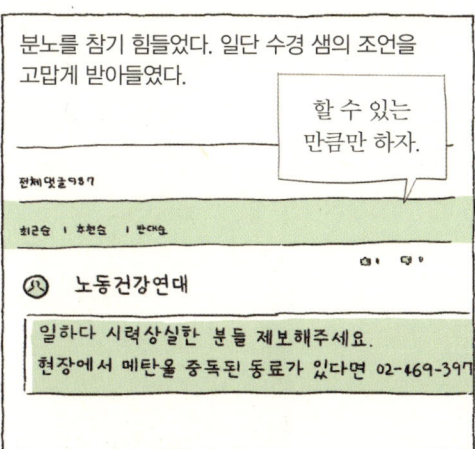

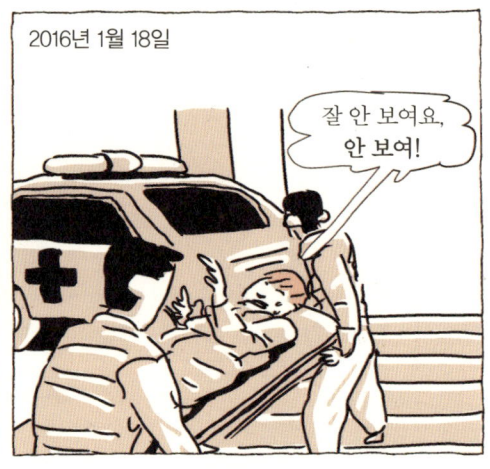

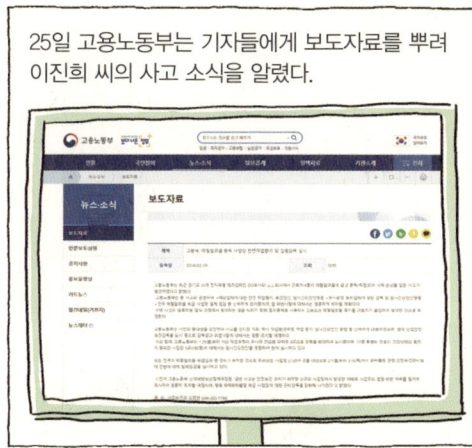

새로운 피해자가 나타났다는 소식에 충격을 받은 사람은 나만이 아니었다.

기자들 다 갔어?

다른 피해자들도 마찬가지였다. 특히 현순 씨가 그랬다.

말도 안 돼.

또래인 현순 씨는 활동가인 나를 언니라 불렀다.

언니, 피해자가 또 나왔다는 게 말이 되는 거예요?

내가 인터뷰하면 추가 피해자가 안 생길까?

그건 장담은 못 해. 현순이는 자기만 생각해. 무리하지 마.

엄마, 또 울어?

인터뷰 할게요. 나 같은 피해자가 더 생기면 안 돼.

아픈 사람이 더 생각한다. 자기 몸으로 겪은 그 고통을 누구도 겪지 않기를.

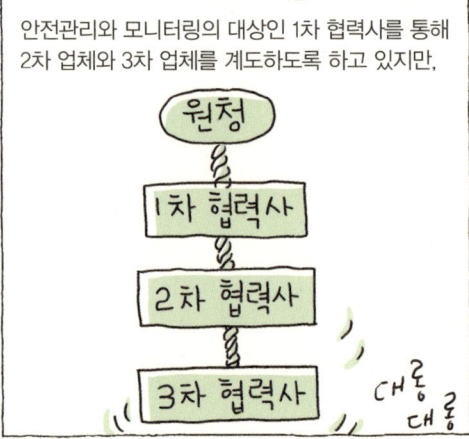

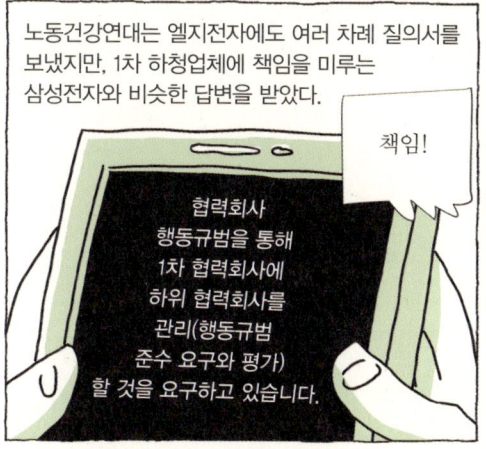

책임을 물을 방법

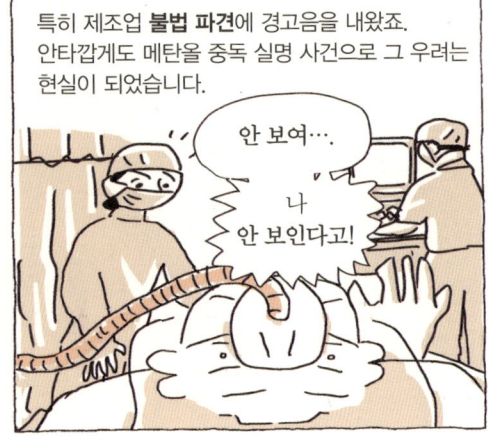

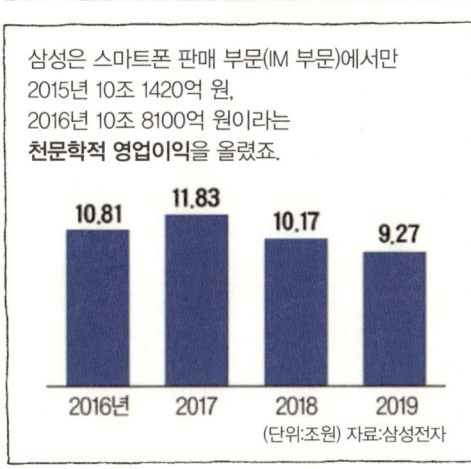

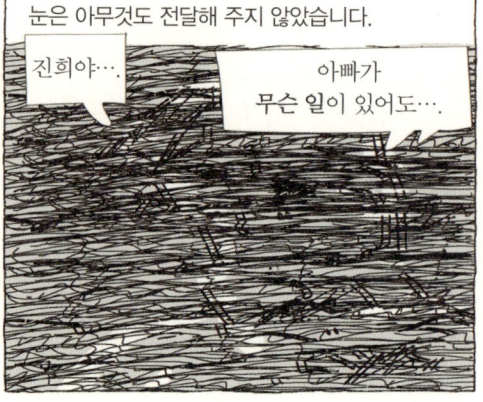

16화 현순과 진희

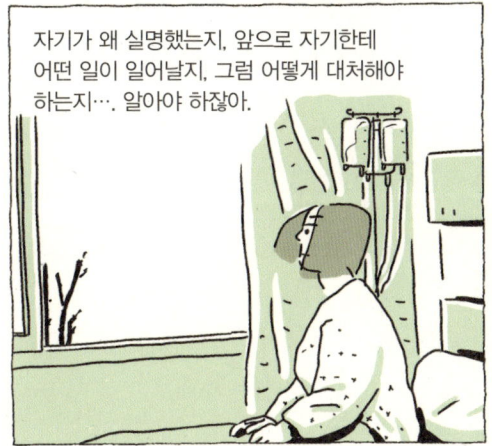

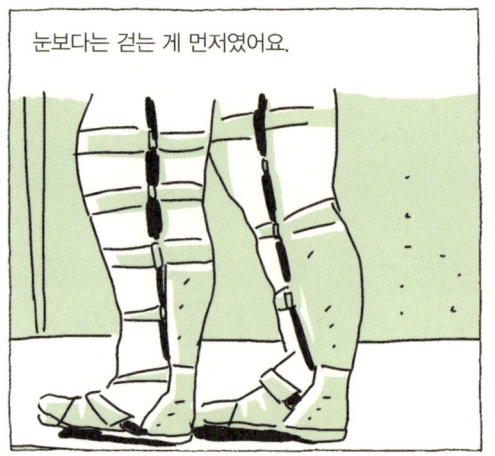

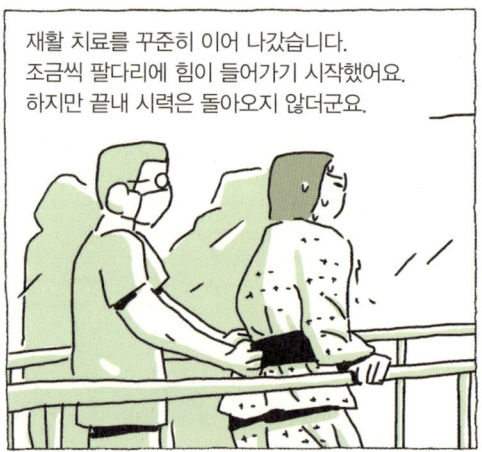

책임을 물을 방법

1988년, 노동건강연대가 수은에 중독된 열다섯 살 소년의 사망을 계기로 활동을 시작할 때, 그들이 세상에 태어났다.

서른 해쯤 지난 2016년에 메탄올 중독으로 우리가 만나게 될 줄은 몰랐다.

17화 벚꽃

책임을 물을 방법

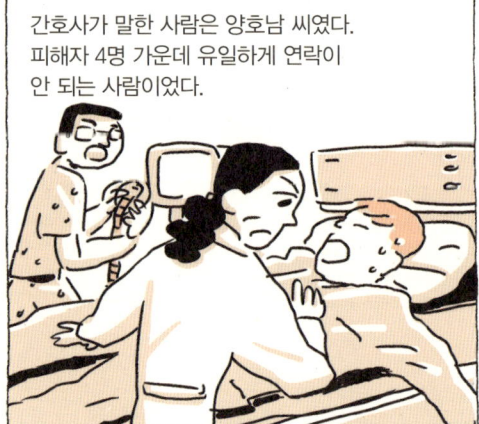

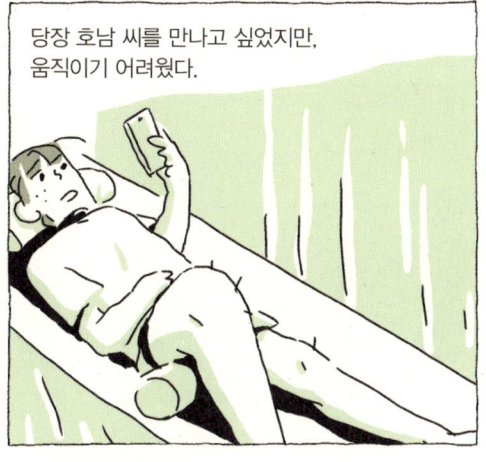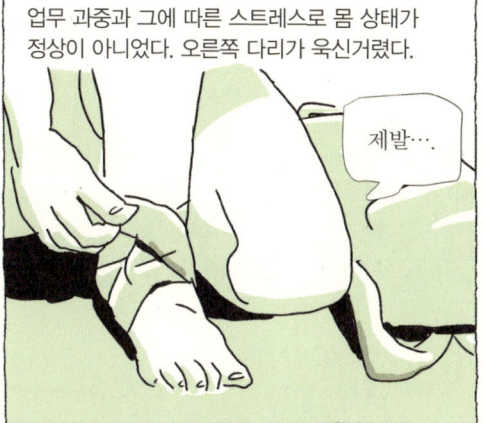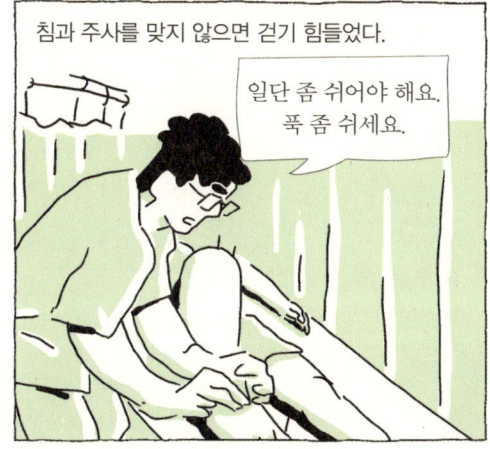

책임을 물을 방법

18화 대한민국 청년노동

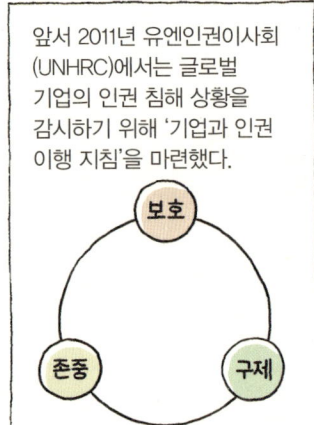

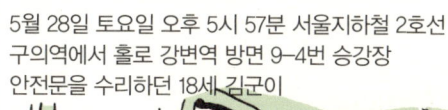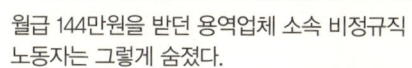

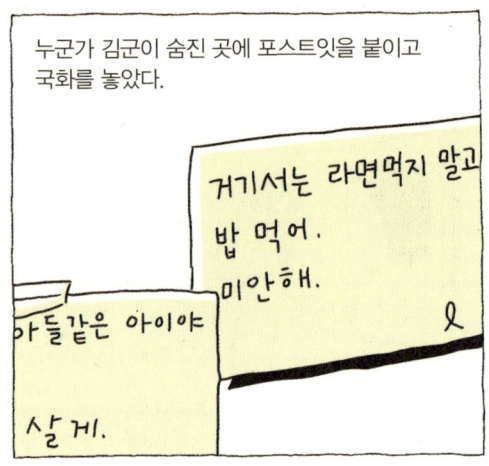

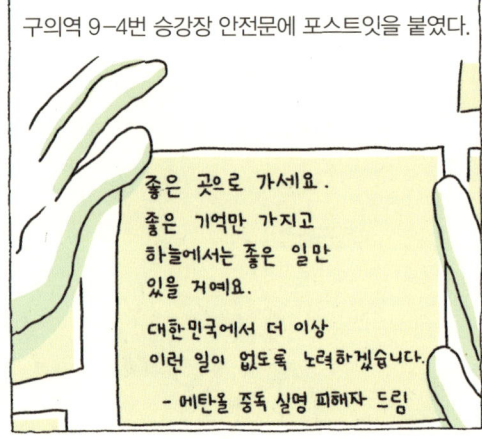

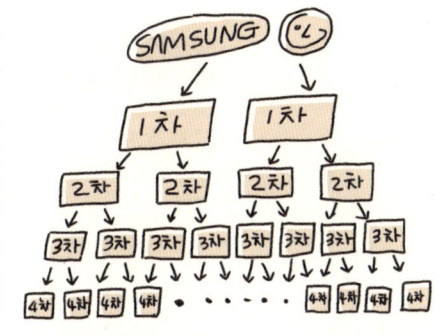
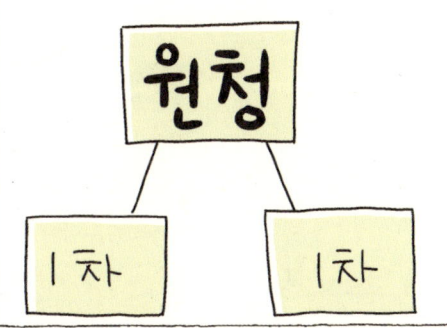

책임을 물을 방법

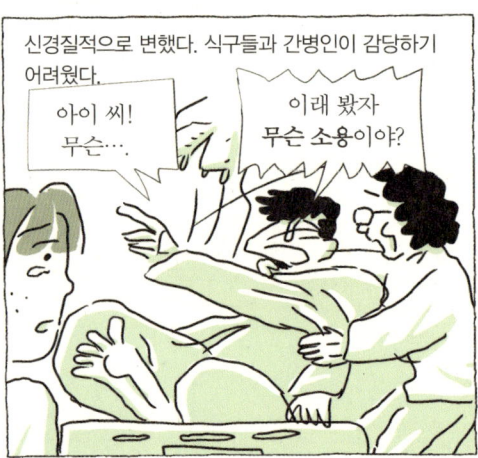

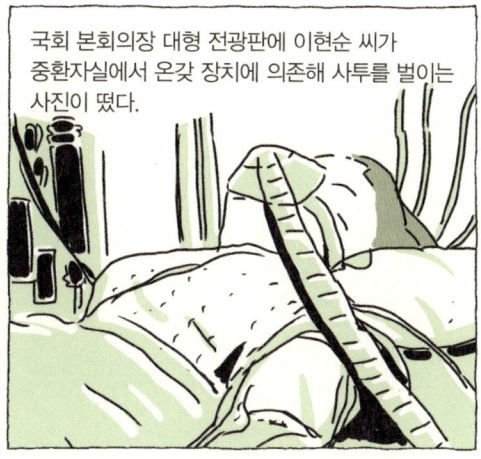

19화 고립을 연결로

20화 가해자와 피해자

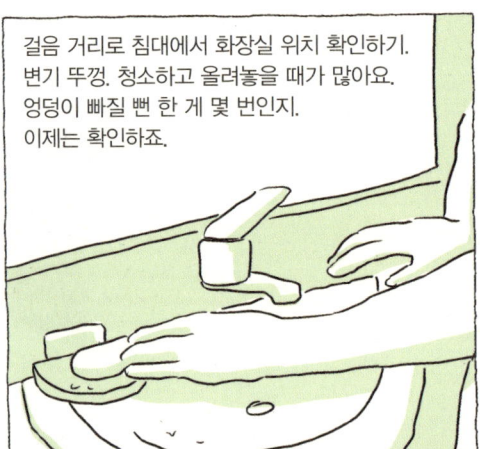

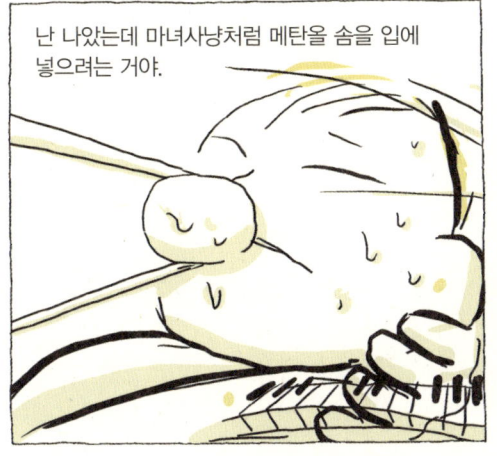

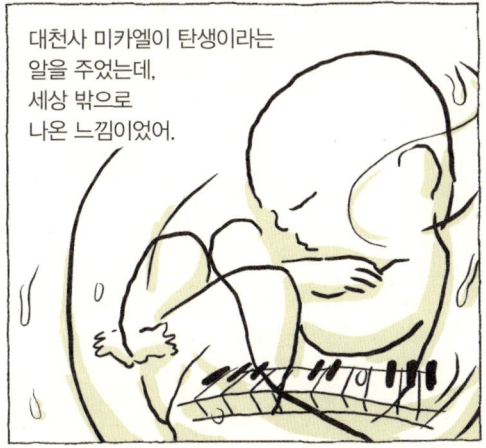

21화 피고 대한민국

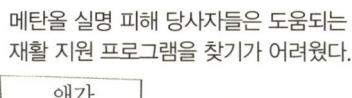

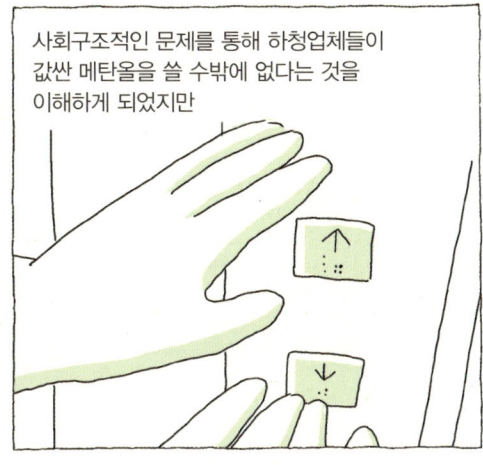

책임을 물을 방법

이현순, 방동근, 이진희 세 사람은 민변 변호사들 도움을 받아 2016년 4월 29일 파견 사업주와 사용 사업주에게 손해배상을 청구하는 소장을 법원에 제출했다.

피고에는 **대한민국**도 포함됐다.

이 소송에서 대한민국은 **고용노동부**를 뜻한다. 지금까지 **근로감독관들의 잘못을 지적**하며 대한민국을 상대로 손해배상 청구소송을 낸 것은 메탄올 중독 실명 피해자들이 처음이다.

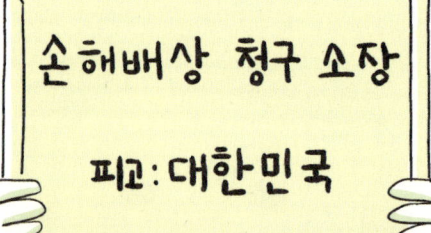

처음부터 **파견**을 얘기해야 한다. 기업이 산재사망을 일으키는 것은 살인이다.

우린 **어떤 변화를** 이끌어 낼 것인가. **기업은 어떤 책임과 처벌을** 받아야 하는가. 국가는 이 변화에 **어떤 작용을** 하는가.

카나리아가 운다. 절박하게 울면서 경고한다. **우리는 어떤 사회에서 살고 싶은가.**

책임을 물을 방법

추천의 말

세상을 바꾸는
이야기의 힘을 믿습니다.

이상윤(노동건강연대 대표, 직업환경의학 전문의)

　세상은 사람들의 노동으로 만들어지고 굴러갑니다. 사람들은 일하면서 서로 연결됩니다. 노동은 참 중요하고 가치 있는 행위지요. 그런데 많은 사람들에게 노동은 즐거움보다 고통입니다. 자아실현이 아니라 자신을 잃어 가는 과정이기도 합니다. 자기가 일한 만큼 충분히 그 가치를 인정받지 못하기도 합니다. 하지만 무엇보다 안타까운 것은 일하다가 생명이나 건강을 잃는 노동자들일 것입니다.

　자신과 가족의 행복을 위해 출근한 노동자들이 집으로 돌아오지 못하는 일은 슬프고 안타까운 일일 뿐 아니라 매우 화가 나는 일이기도 합니다. 누구나 이런 소식을 들으면 "도대체 왜 이런 일이 생기는 거야!" 하는 반응을 보이죠. 우리 모두의 마음속에 일하다 다치거나 병들거나 죽는다는 것은 윤리적이지도 정의롭지도 않다는 공통의 감각이나 정서가 있기 때문입니다.

　이런 공통 감각 혹은 정서가 있는데도 아직까지 많은 노동자들이 일하다 죽고, 다치고, 병드는 사실은 참 역설적입니다. 더군다나 한국은

오이시디(OECD) 국가 가운데 노동자들이 산업재해로 가장 많이 죽는 나라이니 말입니다.

왜 이런 일이 생기는 걸까요? 한국의 경제 여건이 좋지 않고 한국 기업이 노동자의 안전이나 건강에 신경 쓸 여력이 없어서 그런 걸까요? 그렇지 않습니다. 한국의 1인당 국민소득은 3만 달러를 넘었는데 1인당 국민소득이 3만 달러가 넘는 나라들의 노동자 산업재해 사고 사망률은 한국의 1/3 수준에 불과합니다. 한국 경제가 노동자의 안전과 건강에 신경 쓸 여력이 없다는 것은 설득력이 없습니다.

지디피(GDP) 규모로 세계 경제 12위를 차지하고 있고, 삼성, 현대, LG, SK처럼 세계적인 대기업이 있는 한국이 왜 매년 OECD 국가 중 산재사고 사망률 1~2위를 다투는 것일까요?

어려운 질문입니다. 그 이유를 알았다면 문제 해결이 쉬웠을지 모르겠다는 생각이 듭니다. 아니, 더 정확히 말하면 이유를 알아도 해결할 엄두가 안 날 만큼 문제의 원인이 복합적이고 구조적이기 때문이라고 얘기해야 할 듯하네요.

사람이 아프면 이런저런 증상이 나타납니다. 어떠한 증상들은 증상에 대한 관리나 치료로 해결됩니다. 흔히 말해 대증요법으로 충분한 증상들이지요. 하지만 어떤 증상들은 몸에 큰 병이 있음을 알려 주는 신호이기도 합니다. 이 경우에는 증상만 치료하는 대증요법은 효과가 없습니다. 근본 병을 발견해서 그 병을 치료해야 증상도 없어지죠. 노동자 안전, 건강 문제는 노동 문제를 넘어 우리 사회가 가지고 있는 큰 병을 드러내 주는 증상 중 하나입니다.

그 중병의 이름은 바로 불평등입니다. 우리 사회의 구조화된 불평등은 다양한 사회적 병리 현상을 낳고 있는데, 그중 하나가 바로 노동자 생명과 건강 문제인 것입니다.

 문제가 이와 같이 복합적이고 구조적일 때, 이에 대한 총체적, 포괄적 이해를 위해서는 사회과학적 분석이 효과적이겠지요. 하지만 저는 이런 종류의 문제의 이해를 위해서는 사회과학적 분석의 힘에 못지않게 이야기의 힘을 믿습니다. 이야기는 사회과학적 분석으로 환원될 수 없는 다양한 의미와 감정을 낳습니다. 그런 이야기들이 모여 문제를 보는 일정한 생각의 프레임 또는 관점을 낳고, 사회의 다수가 그러한 생각의 프레임 또는 관점을 갖게 될 때 사회는 바뀐다고 생각하기 때문입니다.

 그래서 저는 김성희, 김수박 작가가 함께 만든 만화《문밖의 사람들》이 매우 소중하다고 생각합니다. 여기에 담긴 글과 그림들은 메탄올이라는 독성 물질 사용으로 이삼십 대에 시력을 잃고 실명한 노동자들의 '이야기'를 그 어떤 사회과학적 분석보다 더 이성적, 감성적으로 생각하고 느끼게 만들어 줍니다.

 2016년 메탄올에 중독된 6명의 노동자들과 노동건강연대와의 만남은 실로 하나의 '계기적 사건'이었습니다. 삼성의 '갤럭시'라는 세계적인 고가 스마트폰을 생산하는 과정에서 벌어졌다는 사실, 엄청난 일이 벌어졌는데도 당사자는 물론이거니와 우리 사회 모두가 그 사건을 까맣게 모르고 있거나 대수롭지 않게 여기며 넘어갔다는 사실, 메탄올 중독으로 인한 실명은 산업사회 초기나 경제 발전이 더딘 나라에서나 일어날 법한 사고인데도 21세기 대한민국에서 발생했다는 사실 등은 관련된 활동을 하고 있던 노동건강연대에게도 '충격'이었습니다.

이 사건은 너무나도 많은 한국사회의 문제를 한꺼번에 드러내 주었습니다. 대기업 제품 생산 과정에 개입된 하청업체의 열악한 노동조건, 파견 노동의 무책임성 같은 고전적인 노동 문제 뿐 아니라, 우리 사회 저소득 청년노동 문제, 여성노동 문제도 함께 고민하게 만든 사건이었습니다. 우리 사회가 얼마나 계층화되어 있는지, 또 얼마나 계층 간 단절이 심화되어 마치 다른 나라에 살고 있는 사람들처럼 계층 간 소통, 교류, 연대가 힘들어진 사회가 되었는지를 뼈저리게 느낄 수 있게 해 주었습니다.

이 사건에는 더 많은 이야기가 숨겨져 있습니다. 그 이야기들을 찾아내고 의미를 부여해 주는 것은 눈 밝은 독자의 몫입니다. 세상은 더 많은 이야기들에 의해 바뀌지만, 그 이야기의 주인공들은 문제를 그냥 두고만 보지 않고 떨쳐 일어서 알리고 외치고 행동한 이들이라는 점에서, 세상은 행동하는 사람들에 의해 바뀝니다.

그런 점에서 만화 《문밖의 사람들》은 중독 피해자의 위치에 머무르지 않고 문제의 증언자로 나섰던 당사자들의 용기, 그림자와 같았던 보이지 않는 노동과 그로 인한 건강 문제를 드러내 가시화하려고 노력했던 활동가들의 의지를 역동적이고 감동적으로 보여 줍니다.

자, 어떠십니까? 《문밖의 사람들》을 읽고 책을 덮은 뒤, 더 많은 이야기를 만들어 가고 그것을 알림으로써, 세상을 보다 정의롭게 만들기 위해 노력하는 사람들과 함께하지 않으시렵니까?

작가의 말

안전과 연대의 문 안으로

《문밖의 사람들》은 현재를 살아가는 노동자들의 고통을 그렸지만, 자기 삶에 충실한 사람들의 순간순간을 담은 것이기도 합니다. 사회적 사건이 그들을 찾아왔지만, 심장이 뛰는 한 그들은 자기 삶에 충실한 사람들입니다. 자기 문제에 직면하며 충실히 살아가는 에너지가 애틋하게 느껴졌습니다. 자기가 겪은 고통을 다른 이가 겪지 않기를 바라는 마음만큼 타인에 대한 선의가 또 있을까요?

더불어 활동가들에게도 사랑을 전하고 싶습니다. 그들과 함께한다는 것은 어떠한 예민함을 배워야 해서 늘 긴장해야 했지만, 그만큼 균형감도 함께 배울 수 있었습니다. 나도 모르게 배어 있는 무심함이, 익숙한 편함이 어딘가에 치우쳐져 있었던 걸 깨닫게 해 주었습니다.

2016년 메탄올 중독 실명 사건이 벌어지고 3년이 지났습니다. 코로나19가 전세계를 뒤흔드는 사회적 사건이 된 지금에야 이 책을 세상에 내보입니다. 지구 위 모든 것이 서로 연결되어 있다는 깨달음 속에서 많은 변화를 실행해 나가야 할 때에도, '일터의 안전'은 '인간의 기본권'입니다. 노동건강연대가 제안한 '기업 살인법'은 '중대재해기업 처벌법' 제정 운동으로 여러 단체가 연대하여 이어 가고 있습니다.

문제가 있는 사회에서 우리는 살고 있습니다. 어떤 문제를 풀면, 또

다른 문제가 다가오겠지만, 자기 문제에만 매몰되고 고립되어 살아가는 우리 곁에, 시야를 확장시켜 줄 사람들, 좁은 틈을 벌려 줄 사람들이 있다는 사실을 잊지 않을 겁니다.

정규직, 비정규직, 원청, 하청 같은 차별과 소외 없이 무엇보다 안전하며, 일하는 사람이 존중받는 일터를 누구나 누릴 수 있는 날이 오길 바라는 마음으로 그렸습니다. 안전과 연대의 문 안으로 들어와야 할 사람들을 잊지 말아 주세요.

마지막으로 《실명의 이유》 인용을 흔쾌히 허락해 주신 선대식 기자, 김남매 프로젝트를 함께해 준 김수박 작가 고맙습니다. 그리고 뜸한 연락에 먼저 전화 주시는 우리 엄마 노정순 씨, 요즘 저는 엄마가 말하던 이 사회에 필요한 여성이 되라는 말에 대해서 새삼 생각합니다. 나는 어떤 여성으로 살아가고 싶은가에 이제 진심으로 대답하고 싶어졌습니다. 언제나 사랑하고 당신의 딸인 것에 감사합니다.

전태일 50주기인 2020년 11월 13일 이 글을 남깁니다.

김성희

작가의 말
피고 대한민국

'나는 그들을 알고 있는가?' 이런 생각을 가끔 해 봅니다. 십 대 자녀를 둘이나 키우면서도 우리 나라의 십 대들이 어떤 생각을 하는지 정확히 알지 못합니다. 항상 곁에 있는데도 말입니다.

우리 나라 청년들에게도 마찬가지입니다. 보통 이삼십 대 청년이라고 하는데, 길거리를 걸을 때나 카페에 앉아서, 때로는 함께 일하면서 그들을 볼 때가 있습니다. 그럴 때마다 그들을 잘 모른다는 것을 깨닫습니다. 알고 싶다면 그들의 이야기를 들어야 할 텐데, '나 때는 말이야'라며 자기 이야기 하기 바쁜 이들이라면 더욱 이해하기 어렵겠지요. 이 만화를 함께 만들면서 우리 나라 청년들의 삶에 대해 다시 생각하게 되었습니다.

이 만화는 스마트폰을 만드는 우리 나라 대기업 하청공장에서 파견 노동을 하다가 메탄올이라는 화학약품에 시력을 잃고 뇌 손상을 당한 진희 씨를 비롯한 청년 6명의 이야기입니다.

처음 뉴스에서 이 사건을 보았을 때, 숨이 턱 막혔습니다. 모든 산업재해가 아프고 안타까운 일이지만, 어느 날 갑자기 앞을 볼 수 없게 된 심정을 상상이나 할 수 있을까요? 심지어 진희 씨는 고작 나흘 반이라는 짧은 기간의 아르바이트로 눈이 멀게 되었습니다. 그 사람이 나라면, 내 가족이라면, 내 아이라면 어떠하겠습니까?

　당연히 사용자들의 책임이 크지만, 우리의 책임이라는 생각이 먼저 들었습니다. 구시대적인 사건이 여전히 발생하는 사회를 내버려 둔 책임 말입니다. 청년들의 안전한 노동을 보장하지 못한 어른들, 그리고 대한민국의 책임입니다. 그들이 답답한 가슴을 쥐어뜯으며 고발한 상대가 '대한민국'이었다는 사실은 의미심장합니다. 피고는 우리 모두가 포함된 대한민국이었습니다.

　다시 한 번 청년을 생각합니다. 그리고 그들에게 죄송합니다. 저는, 우리는, 이 사회는, 대한민국은 청년들의 삶에 책임이 있습니다. 이 만화가 대한민국 청년들을 이해하는 데, 그들의 안전한 노동과 공정한 미래를 지키는 데 도움이 되면 좋겠습니다.

2020년 11월
김수박

2020년 8월 21일 서울중앙지방법원 민사42부(재판장 박성인)는 파견 사업주와 사용 사업주에게 시력을 잃은 파견 노동자 전정훈·김영신 씨에게 손해를 배상하라고 판결하였다. 2016년 손해배상 청구 소송 이후 4년 만에 내려진 1심 판결이다.

평화 발자국 26

문밖의 사람들
파견 노동 확대에서 메탄올 실명까지, 청년노동의 현실

2020년 11월 30일 1판 1쇄 펴냄 | 2021년 11월 23일 1판 4쇄 펴냄

만화 김성희, 김수박
자료도움 선대식, 《실명의 이유》, 북콤마
　　　　　노동건강연대(www.laborhealth.or.kr)
편집 김로미, 이경희 | **교정** 김성재 | **디자인** ALL contents group
제작 심준엽 | **영업** 나길훈, 안명선, 양병희, 원숙영, 조현정 | **독자 사업(잡지)** 정영지
새사업팀 조서연 | **경영 지원** 신종호, 임혜정, 한선희
인쇄와 제본 (주)상지사P&B

펴낸이 유문숙 | **펴낸 곳** (주)도서출판 보리 | **출판 등록** 1991년 8월 6일 제9-279호
주소 (10881) 경기도 파주시 직지길 492 | **전화** 031-955-3535 | **전송** 031-950-9501
누리집 www.boribook.com | **전자우편** bori@boribook.com

ⓒ김성희, 김수박, 2020

이 책의 내용을 쓰고자 할 때는, 저작권자와 출판사의 허락을 받아야 합니다.
잘못된 책은 바꾸어 드립니다.
값 15,000원

보리는 나무 한 그루를 베어 낼 가치가 있는지 생각하며 책을 만듭니다.

ISBN 979-11-6314-153-2 07300

이 도서의 국립중앙도서관 출판예정도서목록(CIP)은 서지정보유통지원시스템 홈페이지(http://seoji.nl.go.kr)와
국가자료공동목록시스템(http://www.nl.go.kr/kolisnet)에서 이용하실 수 있습니다.
(CIP제어번호: CIP2020048616)

* 이 책은 '2020 다양성만화제작지원사업' 선정작으로 한국만화영상진흥원 지원으로 제작되었습니다.